الطبعة العربية الأولى عام 2019

دار جامعة حمد بن خليفة للنشر
صندوق بريد 5825
الدوحة، دولة قطر

www.hbkupress.com

كل شيء عن النحل

صدر هذا الكتاب للمرة الأولى في فرنسا عن لو بوميي عام 2017

الترجمة إلى اللغة العربية: هويدا سبيعي

الترقيم الدولي: 9789927137679

تمت الطباعة في الدوحة قطر.

مكتبة قطر الوطنية بيانات الفهرسة – أثناء – النشر (فان)

جيشار، جاك، مؤلف.

[Tout sur les Abeilles].Arabic

كل شيء عن النحل / جاك جيشار، كارول كسينار. الطبعة العربية الأولى. – الدوحة : دار جامعة حمد بن خليفة للنشر، 2019.

صفحة ؛ سم

تدمك 978-992-713-767-9

1. النحل -- أعمال للأطفال. أ. كسينار، كارول، رسام. ب. العنوان.

QL565.2.G85125 2019

595.799 – dc23

201927364665

كل شيء عن
النحل

جاك جيشار • كارول كسينار

دار جامعة حمد بن خليفة للنشر
HAMAD BIN KHALIFA UNIVERSITY PRESS

قائمة المحتويات

رائعٌ هذا الكتاب!

الجميع في مَهَمَّة إنقاذ النحل

يضمنُ النحل إنتاجَ الحبوب والفواكه لأغلبية الأجناس النباتية. وتؤدي هذه المَهَمَّةَ الأساسية في فرنسا 1.2 مليون مستوطنة من النحل، لكن عمليةَ التَّلقيح الزراعي تحتاج لعدد يفوق العددَ الحالي ثلاثةَ أضعاف. وللأسف، يتعرض النحل لخطرين شديدين هما استخدامِ بعض المبيدات، ووصولِ مفترسٍ مخيف منذ بضعِ سنوات هو الدبورُ الآسيوي. ومن الضروري جدًّا محاربةُ هذين الخطرين، وحمايةُ مُسْتعمرات النحل، لكي تستمر في مواصلة تلقيح أزهارنا، وتوفير العسل اللذيذ المفيد لصحتنا.

عالم النحل

بمجرد أن تُشِعَّ شمسُ شهر مايو حتى تغزوَ الطبيعةَ عشراتُ الحشرات. مَن مِن الأطفال لم يركض في الحقول المزهرة خلفَ فراشة، ثم جلس ليستريحَ على العشب، ويراقبَ هذه الحشرات الصغيرة التي تزور الأزهارَ كلها. فمن كان يعشقُ استكشافَ ما حوله، والتعرّف على العالم الذي يُحيط به، لا شك بأنَّه سيجدُ عالم النحل الأكثرَ جاذبية.

فلنتتبعْ نحلةً تقوم بجولتها على الأزهار. أطلق عليها العلماءُ اسم النحلة صانعة العسل «Apis mellifica»، وإن كانت قبل كل شيء حشرة تستخرج رحيقَ الأزهار بلا كلل.

النحلة

عميدةُ النحل!
يُقالُ إن أول نحلة اكتُشفت تعودُ إلى ماضٍ سحيق، وعاصرت الديناصورات! وقد اكتُشفت في نيوجرسي بالولايات المتحدة.

الفصل 1

النحلةُ والأزهارُ:
قصةُ حبٍّ طويلةُ الأمدِ!

بمجردِ أن تهبطَ النحلةُ على سطحِ زهرةٍ حتى يغطيَها مسحوقٌ أصفرُ اسمه غبارُ الطَّلْع، وهو العنصرُ الملقِّحُ للأزهار، ويُوجدُ بكميات كبيرة، ويكونُ في أغلب الأحيان أصفرَ اللون، لكنَّ لونَه قد يتغيّرُ بحسب نوعِ الأزهار.

الحبُّ عندَ الأزهارِ

تُعدُّ الأزهارُ التي نستمتعُ بالنظرِ إليها المقصدَ المفضلَ للنحلةِ.

يُخفي تُوَيْجُ الزهرةِ الجميلُ ذو الألوانِ الزاهيةِ في وسطهِ أسدياتٍ يعلو رأسَها كيسٌ أصفرُ كبيرٌ مليءٌ بغبارِ الطَّلْعِ التي تشكِّلُ العناصرَ الذكوريةَ للزهرةِ.

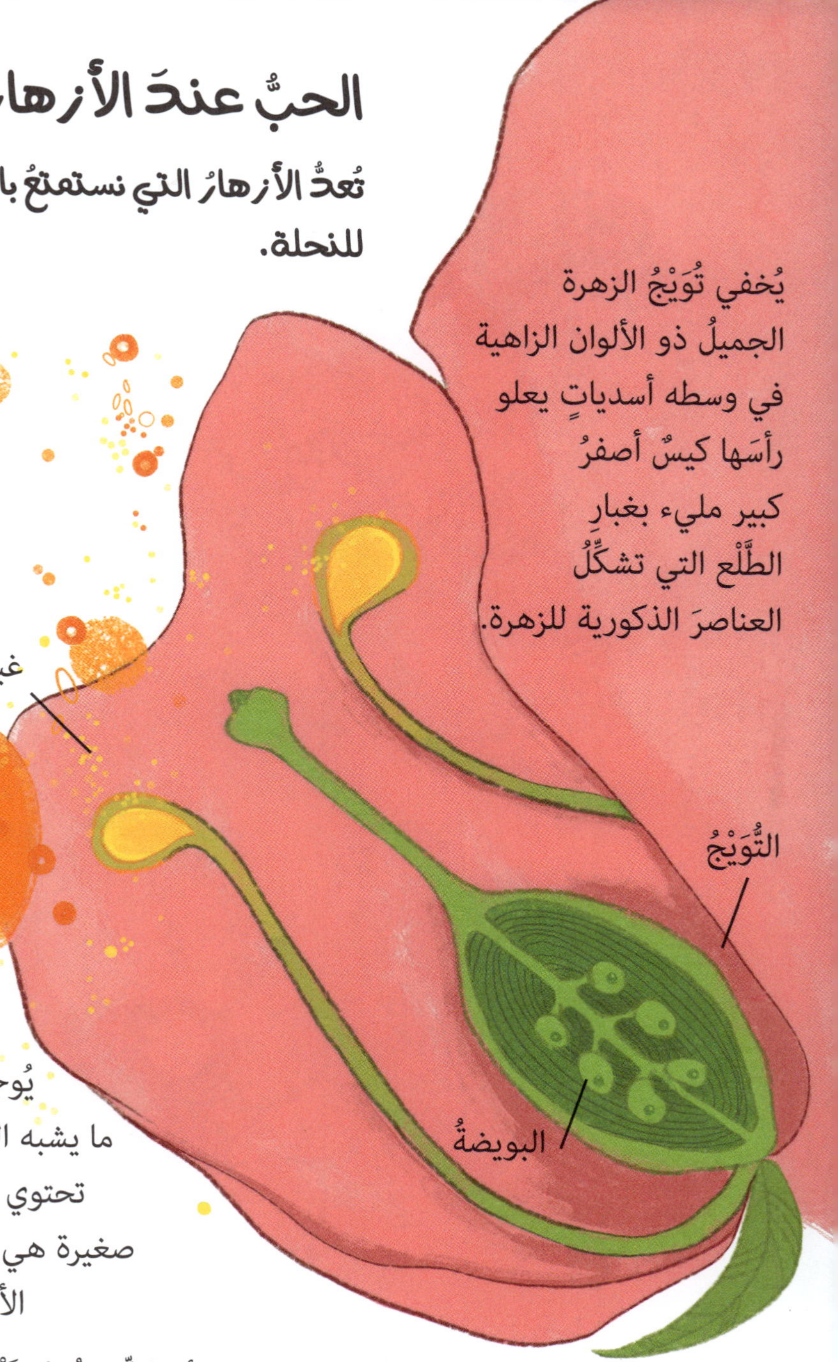

يُوجدُ في الوسطِ ما يشبهُ الأنبوبةَ الضخمةَ التي تحتوي على حبوبٍ بيضاءَ صغيرةٍ هي البويضاتُ، أو العناصرُ الأنثويةُ للزهرةِ.

لكي يتمَّ التكاثرُ، يجبُ أن يُلقِّحَ غُبارُ طَلْعِ الزهرةِ بويضةَ زهرةٍ أخرى. وفي بعضِ أنواعِ الأزهارِ الأخرى، تكونُ حبوبُ غبارِ الطَّلْعِ صغيرةً جدًّا، ويتولى الهواءُ نقلَها.

يكونُ لبعضِ الأزهارِ غُبارُ طَلْعٍ كبيرُ الحجمِ مغطى بطبقةٍ خشنةٍ ولاصقةٍ، وينتقلُ بواسطةِ الحشراتِ، ولا سيما النحلُ والطَّنَّاناتُ.

كيف تتمُّ عمليةُ سحب الرَّحيق؟

تجذبُ ألوانُ بَتَلات الزهرة النحلةَ فتقتربُ منها، وتحُطُّ عليها كما تحُطُّ الطائرةُ على مَدْرَج المطار، وتجمعُ النحلةُ حبوب غُبارِ الطَّلْع بسلسلة من الحركات السريعة؛ تدخلُ النحلةُ إلى الزهرة، وتلتصقُ بإحدى أسدياتِها فيقعُ غُبارِ الطَّلْع على الوَبَرِ الذي يغطِّي جسدَها. وتعضُّ أيضًا أكياسَ غبار الطَّلْع بفكَّيها كي تقع الحبوب.

تتعلَّقُ حباتُ غُبار الطَّلْع الصغيرةُ المزينةُ بزينةٍ دقيقةِ الحجمِ بوَبَر النحلة.

تُنزع كرةُ غُبار الطَّلْع من الفرشاةِ بواسطةِ مِشْط القائمة الخلفية للنحلة، وتُدفعُ إلى السلة على الواجهة الخارجية، وتتراكمُ كمياتٌ من غُبار الطَّلْع.

عندما تخرجُ النحلةُ من الزهرة، تطيرُ وتبدأ مباشرة «تشكيلَ سروالٍ بالاستعانة بفرشاة ومشط»، وتمشِّطُ غُبار الطَّلْع الذي يغطي الرأسَ والصدرَ وتجمعُه في الجزءِ الداخلي من الزوج الثالث من القوائم، وتنقِلُه إلى فمِها لترطيبه بالعسل الخارج من حَوْصَلَتِها.

سلّاتٌ مثقلةٌ بالمؤونة

من زهرةٍ إلى زهرة، تكبرُ الكرةُ وقريبًا تعود النحلة إلى بيتها، محملةً حِمْلًا ثقيلًا على قوائمها مثلَ كيس من المؤونة بوزن 20 مليغرام من غُبارِ الطَّلْع (أي ربع وزنِها) – كما لو أننا نحملُ كيسًا بوزنِ 20 كيلوغرامًا أثناءَ طيرانِنا! وتملأُ النحلة المستخرجة لحبوب الطلع سلتيها. يتعيَّنُ عليها أن تزورَ ستمائةِ زهرة من نباتات النَّفْل كي تملأَ سلالَهَا في حينِ يمكن لزهرة واحدة من الخَشْخَاش أن تمنحَها 10 شحنات!

النحلة ناقلةُ رسائلِ الحبّ!

عادةً، في رحلة واحدة، لا تزورُ النحلة سوى أزهارٍ من جنسٍ واحد. وعندما تدخلُ إلى أول زهرة، يقعُ بعضُ غُبارِ الطَّلْع على ظهرِها.

وعندما تدخلُ إلى تُوَيجِ زهرة أخرى، يحتكُّ ظهرُها بالمِدَقَّةِ (العضوِ الأنثويّ في الزهرة) وينقُل بشكل غيرِ مقصود غُبارَ الطَّلْع الذي نقلتْه معَها. ويُلقِّح غُبارُ الطَّلْع هذا تلك الزهرة، مما يتيحُ لها التحوُّلَ إلى ثمرة. تُسمّى هذه العمليةُ «التلقيح». وبهذا تشكلُ النحلةُ عوامَل لحفظ التنوّعِ الحيويّ وتوازنِ الطبيعةِ. وفي الواقعِ، ظهرَت النحلةُ والنباتات الزهرية في الفترة ذاتِها.

لا ثمارَ بدون نحل

تحتاجُ 75 بالمائةِ من الأجناس النباتية للحشرات الملقِّحةِ على غرارِ النحلِ، لتلقيحِ الأزهار، ثم للتكاثر بفضل الحبوب الموجودة في الثمارِ. وبدون هذه الحشرات الملقِّحة، ولا سيما النحل، لا يُمكنُ للأشجارِ الزهريةِ، مثلَ شجرِ التفاحِ، أو الإجاصِ، أو الخوخِ أو المُشمُشِ، أن تعطيَ ثمارًا. وتتكون مستعمرةُ النحل بشكلٍ وَسَطيٍّ من 30 ألفِ نحلةٍ ملقِّحة، وتزورُ نحلةٌ واحدةٌ 700 زهرةٍ في اليومِ. وبذلك فإن مستعمرةَ النحل يمكُنها أن تُلَقِّح 21 مليون زهرة في يومٍ واحِدٍ! وهذا ما يضمنُ لنا حصادًا رائعًا! ويتصرفُ بعضُ المزارعين بحِنكَةٍ فيطلبون من النحالين نقلَ بعض خلايا النحل، ووضعَها في حقول نبات اللِّفْتِ التي يملكونها لزيادة إنتاجهم.

للحدّ من استخدام المبيدات

النحلاتُ المسافرةُ

في الزمنِ الماضي، كانَ البشرُ ينقلون خلايا النحل إلى الحقول المُزْهِرة. وفي أيامِ الفراعنة، كان المصريون ينقلون خلايا النحل على أطواف. وفي أيامِنا هذه، يستخدمُ النحالون الشاحناتِ لنقل مئات خلايا النحلِ من منطقةٍ إلى أخرى متتبعين مسارَ إزهارِ النباتات. ويتمُّ نقلُ الخلايا ليلًا... بعد أن تكونَ النحلاتُ قد عادَت من رحلاتها اليومية!

يستخدمُ بعضُ المزارعين المبيداتِ للقضاء على الحشرات التي تُلحِقُ الأضرارَ الشديدةَ بمحاصيلهم. وعلى الرَّغم من أنّ القانونَ يمنعُ استخدامَ المبيدات في فصل الإزهار، إلا أنّ بعضًا من هذه الموادِ يدخلُ إلى نَسَغِ النباتات، وتصلُ إلى رحيق الأزهار، أو غُبار طَلْعها. وفي هذه الحالة، تُصابُ النحلةُ بالتسمّم! ويؤثرُ اختفاؤها سلبيًّا في التنوعِ الحيويّ النباتيّ.

الرحيقُ

ما الذي تبحثُ عنه النحلةُ في قَعْرِ زهرة النَّفْل؟ إنها تجُد نفسَها منجذبةً نحوَ علامةٍ لامعة في قَعْرِ تُويجِ الزهرة. فتدفنُ رأسَها في قلب التُوَيْجِ ، عندَ قاعدةِ البَتَلات الملونة حيث تُوجدُ قطراتٌ صغيرةٌ شفافةٌ كالماء. وتتكوَّنُ هذه القطراتُ أساسًا من الماء السُّكَّريّ أو الرحيق.

مِضَخَّة رحيقٍ

تُفرزُ أغلبُ الأزهار رحيقًا. وتستعينُ النحلةُ بشفتيها لامتصاص هذه المادة السُّكَّريَّة الموجودة في قَعْر التُوَيْج.

تستطيعُ شِفاهُ النحلة أن تتمدّدَ على شكل بوق متحرك شديد الحساسية، ينزلقُ داخلَهُ لسانُها المغطى بالوبر على شكل ملعقةٍ صغيرة. وَتَمْتَصُّ المادةَ السُّكريةَ وصولًا إلى حَوْصَلتِها أي معدتِها المليئة بالعسل، حيثُ يخضعُ الرحيقُ لعدة تغييراتٍ كيميائية. وتأخذُ النحلةُ زادَها إلى أسرتها. ولكي تتمكنَ من مواصلةِ عملها المضني، يتعينُ عليها أن تتغذى. ولذلك فبينَ الحين والآخرِ، ينفتحُ الصِّمام بينَ الحَوصَلةِ والأمعاءِ وتتحرّرُ كميةٌ من الرحيق الذي يزوِّدُها بالطاقة اللازمة لإكمال العمل!

3 كيلوغراماتٍ من الرحيق يوميًّا

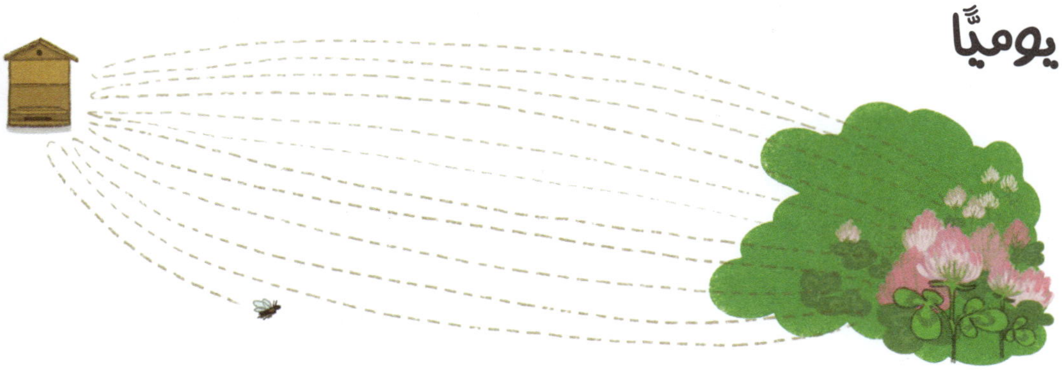

يمكنُ لحَوصَلةِ النحلةِ (كيسِ الرَّحيقِ) أن تتمدَّدَ كي تستوعبَ كحدٍّ أقصى 70 مليغرام من الرحيقِ أي تقريبًا وزنُ النحلةِ (80 مليغرام). ويتعينُ عليها أن تزورَ ما بينَ 1000 و1500 زهرةٍ من نباتِ النَّفْل كي تملأَ حوصلتَها. ولكنها حشرةٌ صغيرةُ الحجمِ، والكميةُ التي تُحضرُها قليلةٌ، لذا تُضطرُّ للقيامِ بستين رحلةٍ للحصولِ على كميةٍ تساوي قُمْعَ الكُشْتِبان، علمًا بأنّ بعضَ المستعمراتِ تستطيعُ أن تخزِّنَ أكثرَ من 3 كيلوغرامات من الرحيقِ في يومٍ واحدٍ! يا لها من جهودٍ متعبةٍ تبذلُها هذه النحلة النشيطة!

النحلةُ ترى الدنيا باللونِ الأزرقِ...

كيف تُبصرُ النحلةُ الأزهارَ التي تجمعُ رحيقَها؟

لا ترى النحلة الطبيعة مثلَنا. فلا ترى اللونَ الأحمر، ولا البرتقاليَّ بل تبدو لها المشاهدُ الطبيعية باللون الأزرق-الرماديِّ. وخلافًا للإنسان، فإنّها ترى الأشعةَ فوقَ البنفسجية، وتميّزُ الأزهارَ التي تعكِسُ عنصرًا فوقَ البنفسجيِّ، مثلَ نقاطٍ لامعة تَبْرُزُ على خلفيةٍ زرقاءَ. وتراها النحلة عندئذٍ أحسنَ مما نراها نحن البشر.

وَحْداتٌ بصريةٌ متعددة لإبصار أفضل

تتألفُ العيون الكروية للنحلة من ملايينِ الوَحْداتِ البصرية التي تسمحُ لها بالرؤية في مختلف الاتجاهات.

تستعينُ النحلة المستخرجة لحبوب الطلع بالشمس لتحديد اتجاهها، بفضلِ التوجيه المختلف بعضَ الشيء لوَحْداتِها البصرية.

تخترقُ أشعةُ الشمسِ فوقَ البنفسجية الغيومَ، مما يجعلُ النحلة قادرةً على تحديد وجهتها حتى عندما تكون السماءُ مُكفَهِرَّةً.

ممراتٌ جوية

ها هي النحلةُ تطيرُ، بعد أن امتلأت حَوصَلتُها، وإذا بأزهار الحقل كلِّها تؤدي الحركةَ ذاتَها. الإعصارُ يقترب والنحلةُ حساسةٌ للحالة الكهربائية في الجوِّ، وتَهِمُّ النحلةُ بالعودةِ إلى الخلية بسرعة.

تسلُكُ النحلةُ مساراتٍ محددة تحديدًا دقيقًا إلى حدّ أنها تستطيعُ رسمَ خارطة مناسبة سنةً بعدَ سنةٍ وِفْقًا للفصول. وتُحدَّدُ هذه المساراتُ الجويةُ بِمُوجِبِ تضاريسِ الأرض وموقعِ حقول الأزهار التي تستخرج منها الرحيق.

تهاجمُ النحلةُ كلَّ مَنْ يوجدُ أمامها في الممرّ الجويّ. وليحذرْها كلُّ مَنْ يقف أمامها.

النحلةُ الانتحارية

نعم، للنحلةِ ميلٌ انتحاريٌّ، لكنه يكونُ كذلك بمساعدةِ البشرِ! في القرونِ الوسطى، أثناءَ حكمِ ريتشارد قلبِ الأسدِ، كان الجنودُ يرمون خلايا النحل من أسوارِ القِلاعِ، فتتكسرُ على المهاجمين وتُجبرُهم على الهروبِ كالمجانين بسببِ لَسْعاتِ النحلِ لهم.

الفصل 2

قريةُ النحلِ:
مدينةٌ داخلَ علبة

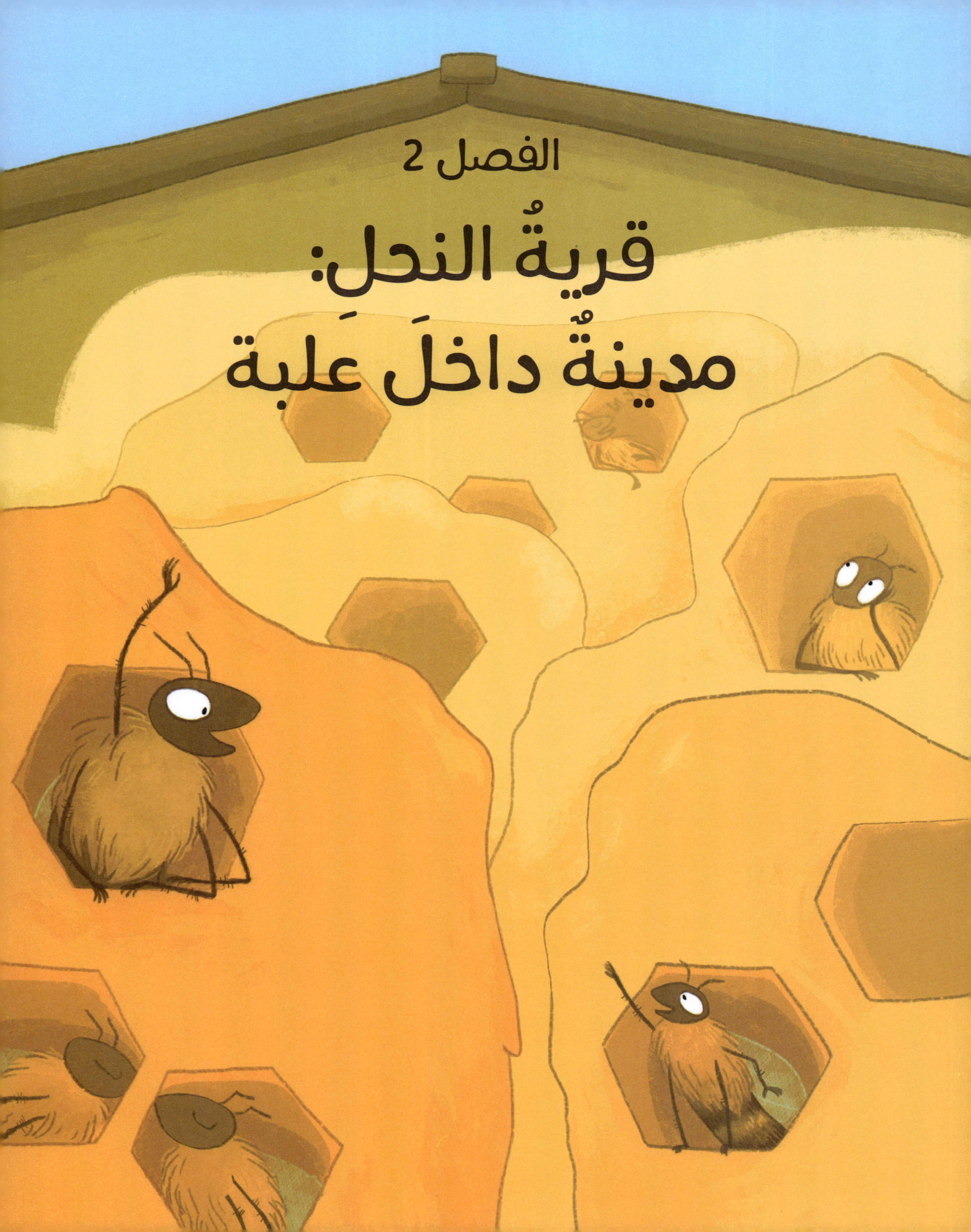

فيِ الجهةِ الأخرى من السورِ نكتشفُ قريةَ النحلِ الصغيرةَ التي يُطلَقُ عليها اسمُ «المَنْحَلة».

تتكوّنُ المَنْحَلةُ من منازلَ صغيرةٍ من الخشبِ أي الخلايا، وتكونُ مُصْطَفَّةً على بعد مترين الواحدة من الأخرى ضمن مجموعاتٍ غير منتظمة. ويهبطُ النحلُ بأعدادٍ كبيرةٍ على لوحٍ، وتدخلُ الخليةَ من خلالِ شِقٍّ أفقي يسمى شِقَّ الطيران. وفي قلبِ المَنْحَلة، نقابلُ شخصيةً غريبةً ولطيفةً هي المسؤولةُ عن الموقعِ أي النَّحّال الذي يلبسُ لباسًا غريبًا، ولا سيما تلك القبعةُ المرفقةُ بغطاءٍ يحجبُ وجهَه.

أقدمُ صديقةٍ للإنسانِ

يعرفُ الإنسانُ النحلَ ويستخدمُه منذُ زمنٍ طويلٍ.
كان الإنسانُ البدائيُّ يجمعُ العسلَ الحلوَ من الخلايا البريةِ، ويرسمُ مستعمراتِ النحلِ على جُدرانِ الكهوفِ.

أما عندَ شعبِ المايا، فقد كانت النحلةُ رمزًا للانضباطِ والسلامِ والعدالةِ؛ وكانت حضارتُهم قد ابتكرَت تِقنيةً نَحْليةً متطورةً جدًّا.

قوةُ السُّكَّرِ

لطالما كانت النحلةُ، على مَرّ العصورِ وعبْرَ الحضارات، صديقةً للإنسانِ: فبفضلِ العسلِ الذي تُنتِجُه، مثلَّت طَوالَ فترةٍ طويلةٍ المصدرَ الوحيدَ للسُّكَّرِ، كما مثلّت له، بفضلِ الشمعِ، مصدرَ أولِ مادةٍ بلاستيكيةٍ. وتُحيطُ بالنحلِ أجواءٌ غامضةٌ. وكان النَّحَّال يفرضْ رهبةً واحترامًا. ويُعَدّ العسل طعامًا ذا قيمةٍ غذائيةٍ عاليةٍ لا بل حتى علاجية: فهو يحتوي على الكثيرِ من المُغذياتِ الدقيقةِ، والموادِّ المضادةِ للبكتيريا. في الواقعِ، لن ترى يومًا وعاءً من العسلِ مغطى بالعفن!

خلايا النحلِ، انعكاسٌ للمسكنِ البشريِّ

اليوم، صارت الخلايا تُبنى مثلَ العُلبِ المُتراصفة داخلَ المَنْحَلَةِ، ولكن منذ أكثرَ من مائةِ سنة، صُنعت الخلايا من سلالٍ من القش. وكنا نجدُ غالبًا في المناطقِ الجبليةِ خلايا مبنيةً داخلَ أجزاءٍ من جذوعِ الشجر، تغطيها بلاطةٌ صخريّة كبيرة. وكان هذا البناءُ يُستلهمُ من الثقوب الموجودة في جذوعِ الشجرِ التي يحبها النحلُ كثيرًا.

حارساتُ الكنزِ

قبل الدخولِ إلى هذا العالمِ السريّ، يجب اتخاذُ بعضِ الخطواتِ الوِقَائية؛ لأنّ هذا المكان محميّ وتعرف النحلة كيف تلسع الدخلاء الذين يأتون لإزعاجها. تملك النحلةُ في طرفِ بطنها إبرة، أو زُبَانى حادًّا ومحزّزًا على شكل خُطَّاف، ويتغذى من غُدةِ السموم.

النحلةُ حشرةٌ مُسالمة لا تلدغُ أبدًا إلا إذا اسْتُفِزَّت. ولا تهاجمُ الإنسانَ إلا إذا تعرَّضت هي لهجومِه. وعندما تلسعُ النحلةُ لا تستطيعُ سحبَ زُبَاناها من الألياف اللينةِ للجلدِ. ولا يمكنها أن تتحررَ سوى بعد تركِها جزءًا من بطنها أي أنها سوف تموتُ على أرض المعركة.

النحلة القاتلة

قَدِمَت من البرازيل وتوجَّهَت صعودًا نحو المكسيك، ووصلت اليوم إلى الولاياتِ المتحدة. وُلدت صدفةً من الإخصابِ التهجينيّ بين النحل الأوروبيّ والأفريقيّ. وهي شديدةُ العدوانيةِ ويمكنها ملاحقةُ رجل لمسافة كيلومتر. ويمكن أن نتعرضَ للسّعاتِ أكثرَ من 1500 نحلةٍ في الوقت ذاتِه، مما يحقِنُ في جسم الإنسان جرعةً من السُّم القاتل.

رائحةٌ مميزةٌ تفتحُ أبوابَ الخلية

يحومُ حول قصر الشمعِ والعسل دائمًا مجموعةٌ من الحسودين الراغبين في نهبِه. ويفرضُ النحلُ حراسةً صارمةً على مدخلِ الخلية. وترافقُ كلَّ نحلةٍ تصلُ إلى المدينة حارساتٌ تتفحصُّها بواسطةِ زبانياتها.

وتتميزُ كلُّ مستعمرةٍ برائحةٍ خاصة، تكون بلا شكٍّ مرتبطةً بنوعيةِ غذائها وبرائحةِ ملكةِ النحل. وإن جاءت نحلةٌ غريبةٌ مُحمَّلةً بالعسل، فسوف يُسمح لها بالدخول. وإن كانت من الراغباتِ في النهب فسوف تطردُ مباشرةً أو تُقتل.

ويتعرَّض للمعاملةِ ذاتها أعداءُ الخليةِ مثلُ الدبابيرِ والزنابير، والسَّعْفات، والنمل، وحتى الفئرانِ الصغيرة، وإذا تعرَّضت الخليةُ للهجوم، وكانت ذات أهمية وفي وضعٍ صحيّ جيد، تكون الحارساتُ بأعدادٍ كبيرةٍ وسوف يُسرع النحلُ لدعمها ومساعدتها، فينقضُّ على المهاجمين ويلسعُهم بزبانياتها ويحقنُهم بالسُّم القاتل.

وتعْقُبُ لسْعةَ نحلة واحدة لسْعاتُ الحارسات الأُخريات إذ تُعتبرُ رائحةُ السُّم إشارةً لتجنيدِ النحلاتِ الأُخريات، واستثارتِها لِلسْع المهاجمين.

ويُعتبر الزُّنبورُ الآسيويُّ ألدَّ أعداءِ النحل، فهو يقطع رأس النحل الذي يصلُ إلى الخلية ويهدمُ بذلك مستعمراتِ النحل. وقد وصل الزُّنبورُ الآسيويُّ عَرَضًا إلى أوروبا منذ عشرِ سنوات.

الفصل 3

قصرُ الشَّمع

صمغُ النحل: العِكْبِر أو البُروبوليس

لكي نتمكنَ من اكتشافِ أسرار كيمياءِ العسل، يتعيّنُ علينا أن ندخلَ إلى قلبِ منزلِ النحل، قصرِ الشَّمع أو الخلية. فلنتبعِ النَّحّالَ الذي يرفعُ بحذرٍ شديدٍ سقفَ الخلية، ويَحقِنُ دُخانًا في الخليةِ كي يحولَ دونَ هجومِ النَّحلِ وتهدئتِه.

يصعُبُ أحيانًا فتحُ الخلية لأنّ النحل يُلصِقُ السَّقفَ بالعِكْبِر، وهو صمغٌ بُنيٌّ أو أحمرُ اللونِ يُستخدمُ كأنَّه معجونٌ تُغلق به كلُّ الثغرات، والشقوقِ الصغيرة في الخلية إذ ينبغي منعُ دخولِ الهواء، أو المطر، أو الحشراتِ الغريبة.

فليحاولْ قدْرَ الإمكان...

يُضيفُ النحلُ بعضَ الشمع للعِكْبِر، ويَطلي سطحَ هيكلِ الخلية، وجوانبَها وجدرانَها. يقسو العِكْبِر عندما يبرد، ويكون لزجًا حين تتخطى درجةُ الحرارة 20 درجةً مئوية. ولأنه عَطِر جدًّا فإنه يمنح الخليةَ رائحةً مميزة.

براعمُ لَزِجةٌ

يُحصَدُ العِكْبِرُ وفقًا لاحتياجات مستعمرةِ النحل.

تحملُ النحلةُ على قوائمِها الخلفية كراتٍ لزجةً باللونِ الرمادي، أو الأخضر، أو البني: هذه الكراتُ هي ما يُعرَف بالعِكْبِر.

مضادٌّ حيويٌّ فعّالٌ

يكمنُ دور العِكْبِر الأهم في قوته كمضادٍّ حيويّ؛ فهو يمنعُ نموَّ المَيكروبات والعفنِ في هذا الوسطِ الرطب، والدافىء، والسُّكري، وهي جميعها ظروفٌ مؤاتيةٌ لاختمار البكتيريا!

يُعتبر العِكْبِر أساسيًّا في مدينة النحل. عندما يُقتَل دخيلٌ كفراشة أو فأرة داخلَ الخلية، يُغطَّى جسده بالعِكْبِر تحاشيًا للإصابة بالإنتان نتيجةَ تحلُّله.

وتُغطي جسدَ كلّ نحلة طبقةٌ مُعزَّزةٌ بمضاد حيوي لكي تَحولَ دونَ نقل الجراثيمِ النشطةِ إلى الخلية.

النحلةُ، مهندسةُ مدينةٍ من الشمع

يَحُول بناء عيونٍ سُداسيةٍ دون هدْر مواد البناء، ويُتيحُ استثمارَ كلِّ المساحةِ المتوفرة، ويُوَفِّرُ لليرقانة الصغيرةِ الحيِّزَ الأقصى الذي يمكن أن تنمو فيهِ.

تعالوا لنزورَ المدينة!

تدعَم أقراصُ الشمع هياكلَ أُفُقيةً تمامًا، ومتوازيةً تتشكّل من آلاف الحُجَيراتِ الصغيرة التي تُستخدم لحفظِ المؤونة، أو تكون مِهَادًا لصغار النحل! وتتراكبُ أقراص الشمع بشكل مثاليٍّ داخل بعضها. وتغورُ الخلايا بشكل مائلٍ نحو الأسفل بحيث لا تسيلُ منها مؤونةُ العسل اللزجِ الموضوعةُ داخلَها.

هل تُعتبر حُجَيراتُ النحل وَحْدةَ قياس؟

لطالما فُتِن الإنسانُ ببناء الخليةِ لما تتميّز به من اتِّساقٍ وقوةٍ هندسية. وفي فترة اختراعِ المتر، عَقِبَ الثورة الفرنسية، اقترح علماءُ قياسَ الطول وفقًا لهذه التجاويف عوضًا عن المتر! وفي الواقع، تختلفُ أبعاد هذه التجاويفِ وفقًا لأنواع النحل، وعمرِ أقراصِ الشمع.

لا تُواصلُ النحلةُ البناءَ بشكل دائم، لكنها قادرةٌ على بناء عدّة أقراص شمعٍ في ليلةٍ واحدة. وفي غضون 24 ساعة، يمكنُها إنتاج 500 غرام من الشَّمع أي مربع يبلغُ كلّ جانب من جوانبه 70 سنتيمترًا ويحتوي أكثرَ من 34 ألف حُجَيرةٍ لشغالات النحل!

معملُ الشَّمع

تتكوّن التركيبةُ الكيميائية للشمع من الدهون، وتَفرز النحلاتُ الصغيرة جدًّا هذا الشمع على الجزءِ السُّفليّ من جسدها.

يُوجَد في عُمق الطَّيَّات بين حلقاتِ بطن النحلة غُدَد تُنتجُ شمعًا يتجمَّد، ويتحوَّل إلى صفائحَ دقيقةٍ جدًّا، وتجمع النحلة هذه الصفائحَ بقوائمها، وتُدنيها من فمها، وتعجنها بفكيها القويين، وتحوِّلها إلى كرة صغيرة تستخدمُها لبناء أقراص العسل، ويتطلب إعدادُ غشاء حُجَيرة واحدة ثلاثمائةَ نحلة.

الدَّفعُ بالنحل

هل سمعتم بإمكانية الدفعِ بالنحل؟ لقد كان هذا الأمرُ ممكنًا في السابق في إيفيز. فقد كانت صورة النحلة مسكوكةً على العُملة النقدية الأولى لهذه المدينةِ الإغريقيةِ القديمة.

يكون إنتاجُ النحلة للشَّمع ضعيفًا ولا يكون الشَّمع مَرنًا مِطواعًا إلا عندما تتعدى درجةُ الحرارة 30 درجةً مِئوية. ويتجمَّع النحلُ في كتلةٍ متراصَّةٍ بقوة في الوسط حيث يمكن أن تصلَ درجة الحرارة إلى 39 درجةً مِئوية.

تشكيلةٌ اجتماعية

ماذا تفعل هذه النحلاتُ؟!

إنها تُغلقُ حُجَيرة.
هذا ما أراه.

تشكل أعداد النحل في حالة سكون سلسلةً طويلة، وتتعلق كلٌّ منها بقوائمها بنحلة أخرى. ويُناط بها تسخينُ المواقع التي تنوي بناءها، وتشكّل بالتالي مصيدةً حراريةً تستطيع أن تضعَ فيها شغالاتُ النحل التي تفرز الشمع مُنتَجَها الصغير. وتُمدِّد السلسلات الشمعية هذه المادةَ وتُقولبها، ويُمثّل هذا الأمر تشكيلةً اجتماعية. ويتعيَّن على شغالاتِ النحل بذلُ كمٍّ كبيرٍ من الطاقة لكي تُنتج الشمع وتوفر درجة الحرارة الضروريةَ لقَولَبته.

يحصلُ النحلُ على الطاقةِ من العسل الذي تتناوله: وتحتاج بين 6 و10 كيلوغرامات من العسلِ لإنتاج كيلوغرامٍ واحدٍ فقط من الشمع!

تُبنى أقراصُ الشمع عموديًّا من الأعلى إلى الأسفل، وتكون متوازيةً تمامًا وعلى مسافةٍ متساوية .وبمراقبةِ هذا البناء، اكتشفنا بأنّ النحلة تملك بُوصلةً داخلية تُتيحُ لها توجيهَ الأقراص بشكل مثاليّ في ظُلمة خليةِ النحل.

الفصل 4

التركيبةُ الكيميائيةُ للعسل

كيف يتحوَّلُ الرحيقُ المُستَخرج من الأزهار إلى عسل؟ ما مراحلُ هذا التحوُّل؟ ما دورُ النحل في هذا التحوُّل الكيميائي؟

مخازنُ المؤونة

تضع النحلةُ في الجزء العلويّ من الخلية مخزونَها الاحتياطي. وتكون أقراصُ الشَّمع مليئةً بالعسل.

لا تأخذ النحلات العسلَ من الأزهار بل تُنتجه انطلاقًا من الرحيق الذي تجمعُه من الأزهار. ولكي نعرف ماهيَّة العسل، ينبغي مراقبةُ النحلة المستخرجة لحبوب الطلع عند عودتِها إلى خلية النحل.

الرحيقُ المنقولُ بالأفواه

الرحيقُ هو المادة الأوليَّة للعسل.

يتضمَّن هذا المزيجُ من السكريات مجموعةً من المواد الأخرى. ويُباشر هضْم الرحيق في معدة النحلة المستخرجة لحبوب الطلع.
وعندما تصِل النحلة إلى خليةِ النحل، لا بل أحيانًا إلى مِنصَّة الطَّيران، تُفرّغ محتوى معدتها قطرةً قطرة، وتنقلُها إلى نحلة أخرى. ثم تنطلق مباشرة عائدةً إلى حقل الأزهار.

ويتنقلُ السائل الثمين بعدئذ من فك إلى أخرى داخلَ الخلية، وتُفرّغ كلُّ واحدة منها الرحيقَ قطرةً قطرةً بعد أن تبقيَه لحظةً عند طرف لسانها، وتعرِّضه للهواء الساخن داخلَ الخلية، مما يسمح بتبخّر الماء الذي تتشكَّل منه، ثم تُعيد النحلاتُ امتصاصَه مجددًا.

تستمرُّ عمليةُ الاجترار هذه عشرين دقيقة. وتُضيفُ النحلة موادَّ تُغذي العسل. وتُكرِّر عدَّةُ نحلات هذه العمليةَ قبل أن تقوم النحلةُ الأخيرة ضمن هذه السلسلة بإدخال رأسِها في القرص الشمعي، لوضعِ قطرة العسل الثمينةِ فيه. ويُواصل هذا العسلُ على مدى ثلاثة أيام عمليةَ التَّكثُّفِ في خليته.

تحرصُ شغالات النَّحل بشكلٍ دائم على تبخيرِ الماء الزائد؛ ففي الواقع، يحتوي الرحيقُ على أكثرَ من 80٪ من الماء في حين أنّ العسلَ لا يتضمن أكثرَ من 20٪ تقريبًا. ويكون هذا التركيزُ ضروريًّا لحفظه. وبعد ذلك تُحفظُ الأقراصُ الشمعية المليئةُ بالعسل بغشاءٍ من الشمع.

مُهوِّيةُ الخلية: تكييفٌ مُتقَنٌ للهواء

لكي يتبخرَ الماءُ الموجود في العسل، يجب أحيانًا تعزيزُ مستوى التَّهوية، وهذا ما تقومُ به النحلة.

تصطفُّ أعداد كبيرة من النحل من موقعِ الأقراص الشمعيةِ وصولًا إلى مِنصَّة الطيران مع إبقاءِ رأسها داخلَ الخلية، وتضرب أجنحتُها الهواء بقوة. وتولِّدُ تيارًا قويًّا من الهواء قادرًا على إمالة شعلة شمعة. ومن خلال هذه العملية، تتخلصُ شغالات النحل من رطوبةِ الخلية، وينضج عندَها العسل. ويصْدُرُ عن هذه التهوية صوتٌ قويٌّ يُمكن سماعُه على مَقرُبة من الخلايا عندَ المساء.

تؤدي النحلة المسؤولة عن التهوية أيضًا دورًا هامًا في الحفاظ على درجةِ حرارةِ الخليةِ الداخلية، لكي تبقى ثابتةً عند درجة محددة.

ففي فصل الصيف، يمكنُ للحرارة أن تُليِّن الهياكلَ المبنيةَ من الشمع، مما يسبّبُ انكسارَ الأقراصِ الشَّمعيةِ المليئة بالعسل.

ولمنعِ ارتفاع درجة الحرارة، تبحثُ النحلة عن الماء وتُمدِّدُه على شكل طبقاتٍ رقيقةٍ على الأقراص الشمعية. وبفضل التهوية، يتبخَّر الماء وتنخفض بالتالي درجةُ الحرارة المرتفعة: وتُشبه هذه الحالةُ شعور الإنسان بالبرد عند الخروج من المسبحِ.

حالة التكاسل

عندما يتدنَّى مستوى التهوية داخلَ الخلية دون المستوى المطلوب، يخرج عدد من النحل ويتكدَّس على مقربة من مدخل الخلية، على شكل عناقيدَ ضخمةٍ تتعلق بمِنَصَّة الطيران: ويقول عنها النَّحَّالون إنّها دخلت «في مرحلة التكاسل».

وبذلك تعود درجة الحرارة الداخلية إلى المستوى الطبيعيّ أي 34 درجة مئوية الضرورية لنمو صغار النحل.

الفصل 5

في الحضانة

في المَهْد الشَّمعيّ

بعد أن قمنا بزيارة مخازنِ العسل، فلننتقلْ إلى الجزء العلويّ من الخلية.
يوجد أسفلَ سقف الخلية، في منتصف البناء، هيكلٌ (بِرواز) يسمح برؤيةِ منتصف المستوطنةِ حيث تُوجد الحضانةُ وساكنوها.

تتكوَّن حاضنةُ النحل من حُجَيراتٍ يُوجد فيها البيضُ واليرقاناتُ في طَور نموِّها. ويُحيط بالحاضنة مؤونةُ الرحيق فيما يُحفظُ مخزونُ العسل خارجَ القرص الشمعي.
وتُكدَّس الكمياتُ الهائلة من غُبار الطَّلْع الذي استخرجه النحلُ من الأزهار في الأقراص الشَّمعيَّة على مقربةٍ مباشرة من مجموعاتِ البيض، فهو يُشكِّل المصدرَ الأساسيّ لطعام النحل في طوْر النمو، لا بل إنه في الواقع المصدر الوحيدُ للبروتين بالنسبة له.

خلال الفترةِ من بدايةِ مارسَ (آذار) إلى منتصف أكتوبر (تشرين أول)، يزيد عددُ البيض في مستعمرة النحل، لكن الأعدادَ تزدادُ ببطء في الربيع، لتتراوحَ وتيرةُ الولادات بين مايو (أيار) ويوليو (تموز) بين 1000 و2000 ولادةٍ في اليوم!
وتضع النحلةُ البيضَ في عُمق الحُجَيرة بشكلٍ قائم. ومع مرورِ الوقت، تبدأ بالانغرازِ فيها.

النحلُ في زمنِ ما قبلَ التاريخ

يُقال إنّ البشرَ في عصر ما قبلَ التاريخ كانوا يجمعون أقراصَ العسل في خلايا النحل البريَّة. ويبدو بأنهم رسموا منذ 6 آلاف سنةٍ مستعمراتِ النحل على جدرانِ الكهوفِ في إسبانيا.

يرقة أكولة

في اليومِ الثالث، تَفقِس البيضةُ وتخرج منها يرقةٌ صغيرة بيضاء على شكل دودةٍ عمياءَ لا قوائمَ لها، لكنها ذاتُ شهية لا متناهية. وتقوم النحلاتُ المُرضعاتُ مباشرة بإطعامها فهي تقوم بزيارةِ الحضانة كل دقيقتين في المتوسط، أي أن اليرقةَ الواحدةَ تحصل على 2000 وجبةِ طعامٍ في خلال ثلاثة أيام! وفي اليوم الخامس، يتغيّر نوعُ طعامها، ويُصبح أكثرَ سيولة وأصفرَ اللون: مزيجٌ من العسل وغُبار الطّلْع. وفي غضون ستة أيام، يتضاعفُ حجم اليرقة خمسمائة مرة عن حجم البيضة وتكون قد مرت بخمس مراحل من النمو أو ما يعرف بمصطلح «الانسلاخ».

حليبُ النحلِ

تسكُب المرضعاتُ قطرةً من عصيدة كثيفةٍ بيضاءَ تُشكّل الهُلَام الملكي وهو في الواقع «حليبُ النحل». ويتميز هذا الحليبُ بقيمة غذائية عالية إلى درجةِ أنّ حجمَ اليرقة يتضاعف بفضله عشرَ مرات في اليوم الأول، ويتضاعفُ مئة مرة في اليوم الثاني!

اقتربوا! اقتربوا!
إليكم الهُلَام الملكيّ المركز وهو مغذٍّ أكثر من حليب الثدييات. فهو يتضمن نسبةً أكبرَ بخمسة أضعاف من البروتينات (وهي المكوّناتُ الأساسيةُ للمادة الحية) ونسبةً أكبرَ بمرتين من الكربوهيدرات (المصادرِ المولدة للطاقة)! إنه طعامٌ سهلُ الهضم ولا يُفضي إلى أيِّ نوع من الفضلات!

عذراءُ سريةٌ

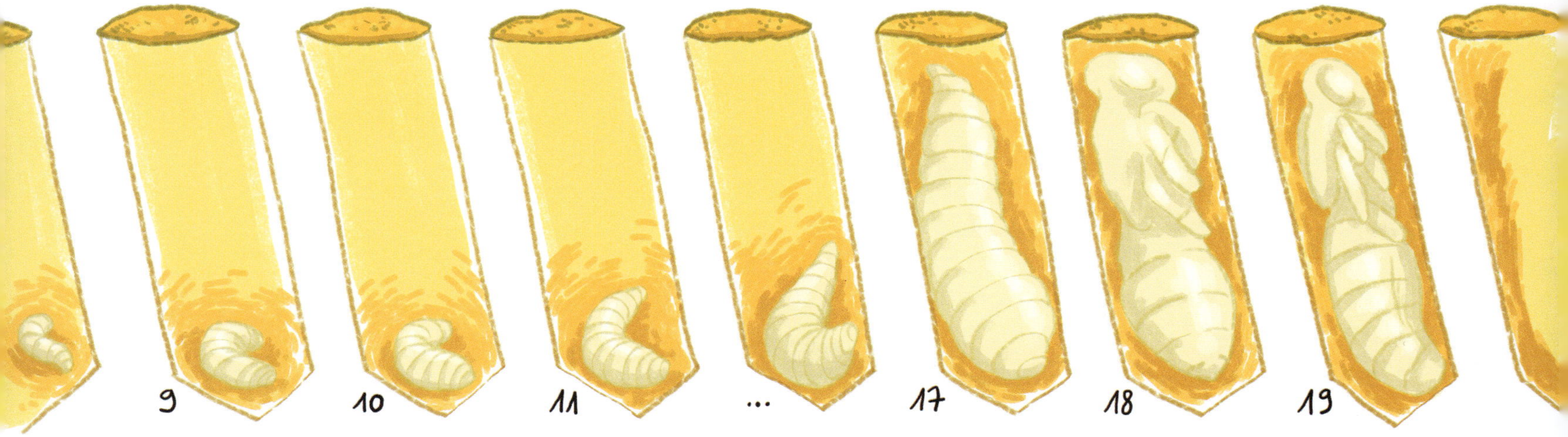

في اليوم التاسع، تُغلق النحلاتُ العاملات الحُجَيرةَ بغشاءٍ مكوّن من مزيجِ الشمع وغبارالطَّلْع الذي يتميّز بأنّه يُنْفِذُ الهواءَ لكي يسمح لليرقة بالتنفس.
وفي غضونِ يومين، تقومُ اليرقة بحياكةِ شرنقةٍ من الحرير ثم تدخلُ في مرحلة من الرّاحة الظّاهريةِ التي تُخفي مجموعةً من التغييرات الداخلية: فهي تخضعُ لعملية إبدالٍ جِذْري لكل أعضائها، فتختفي أعضاءُ اليرقة فيما يتمُّ هضمُ مخزون الدهون لتوليدِ الطاقة الضروريةِ لهذه التحولات.
وتتحوَّل الدودة البيضاء إلى حشرةٍ كاملة بقوائمها وأجنحتِها وعيونِها الكبيرة ذاتِ الأضلاع.

الولادةُ

في اليوم الحادي والعشرين، تُولَد النحلةُ العاملة بتمزيقِ الغشاء بفكّيها. وتظهُر عيونُها فيما تتلمّس قرونُ الاستشعار المكان المحيط بها. وبعدَ إجراءِ العديدِ من الالتواءاتِ الجسديةِ والحركات بقوائمِها، تخرجُ النحلة، بمساعدةِ بعض النحلاتِ العاملات أحياناً، غيرَ ثابتة على قوائمها ومجعدةَ الأجنحة، وتخطو خطواتِها الأولى داخلَ الأقراص الشمعية.
وتقومُ النحلاتُ الحاضنات بإطعامِها بفمِها قطراتِ الشَّمع الأولى داخلَ فمِها مباشرة.

الفصل 6

التكيفُ وإعادةُ التحوُّل: مهنُ النحلاتِ العاملات التسعُ

تُنجز النحلة خلال حياتها كلَّ الأعمالِ المفيدةِ للمستعمرة بشكلٍ تعاقبي.
وبموجبِ هذا الأمر، فإنّه وفقًا لسنِّها ومرحلةِ نموِّها، يمكنُها تحمُّلُ مسؤولية مهامّ مختلفةٍ أساسيةٍ لاستمرار الحياة في مستعمرتِها.
وتحقِّق نشاطاتُ كلِّ نحلة هدفًا واحدًا، لكنه جماعيّ ألا وهو ضمانُ استمرارية حياةِ جنسِها وإطالتُها.

1 التنظيفُ

خلالَ الأسابيعِ الأولى من حياتها، تبقى النحلةُ في الخلية وتُنجزُ الأعمالَ المنزليةَ وتهتمُّ بالبيض. وبعد خروجها من الحُجَيرة، تُنظِّف الحُجَيراتِ التي يجب أن تكون خاليةً من كلِّ الفضلات. وتكون الخليةُ نظيفةً تمامًا في كلِّ الأوقات.

2 الحضانةُ

بعد عدَّة أيام، تنمو على رأسِ النحلة غُدَد تُفرز الهُلَام الملكيّ. وتتحوّل النحلة العاملة إلى نحلةٍ حاضنة لمدةِ عشَرة أيامٍ فتزورُ اليرقانةَ في مَهْدها، وتُعيدُها إلى مكانِها، وتُعطيها من العصيدة، وبما أن اليرقانةَ من النوعِ الأكول، فتحتاجُ كلُّ يرقتين، أو ثلاثِ يرقاناتٍ إلى نحلةٍ حاضنةٍ خاصة بها.

3 التخزينُ

في الفترة نفسِها، عندما لا تحتاجُ الخليةُ للكثيرِ من عمليات البناء، تُفرِّغ النحلةُ الرحيقَ الذي تُعدّه النحلة المستخرجة لحبوب الطلع، وتحوِّله إلى عسلٍ، وتضعهُ في الحُجَيرات، ثم تدفعه إلى عُمق الحُجَيرة برأسها.

4 أعمالُ بناء

يضْعُف إفراز الغُدَد فيما تنمو غُدَد منتجةٌ للشمعِ على الجزءِ السُّفليّ من الصدر. وبذلك تصبح النحلةُ لمدةِ عشرة أيام مسؤولةً عن الشمع فتبني الأقراصَ الشمعيةَ وتغطي الحُجَيرات.

5 تنظيفُ الفَضَلات

ثم تخرج النحلةُ من الخلية، وتنقل الفَضَلاتِ والجُثَّ إلى مسافة بعيدةٍ عن الخلية. تُعتبَرُ النظافةُ من المؤشّراتِ الأكثر ضمانًا لصحَّة الخليَّة السليمة.

6 التهويةُ

عندما ترتفعُ درجةُ الحرارة في الخلية، تكون النحلةُ مسؤولةً عن الحفاظِ على درجة الحرارةِ المناسبةِ داخلَ الخليةِ بتحريك أجنحتِها لتوليدِ تيارٍ هوائيّ.

7 الطيرانُ التجريبيّ

أثناءَ عملِها في التهوية، تقومُ النحلةُ بتجاربِها الأولى في الطيرانِ لاستكشافِ المحيطِ والتعرفِ عليه.

وعندما تخرجُ من الخلية، تطيرُ بشكلٍ دائريّ، ثم تصبحُ هذه الدوائرُ أكبرَ فأكبرَ ويزدادُ ارتفاعُها تدريجيًّا. وعندما تطيرُ تقفُ في مكانِها في الجوِّ لبضع دقائقَ كي تحفظَ في ذاكرتِها موقعَ منزلِها واتجاهَه. وفي هذه الأثناء، تقفُ النحلاتُ على مِنصَّة الطيران، وتُحرِّكُ أجنحتَها لكي تفوحَ رائحة «شذاها» التي تُفرزها الغُدةُ الموجودة عند الطرفِ العلوي من صدرها. وتساعدُ هذه الرائحةُ النحلة على تفادي الضياعِ عن موقع خليتِها.

8 الحراسةُ

بعد الانتهاءِ من الطيران التجريبيّ، تنْضُب غُدَد النحلات المُنْتجَة للشَّمع، ولذلك فإنّها سوف تتولى مَهَمَّة استخراجِ الرحيق. لكنها قبلَ البدءِ بعملِها الجديد، يتعينُ عليها أن تخدمَ مدةَ ثلاثة أيام في الحراسة عند مدخلِ الخلية. وتتميزُ قرونُ استشعارها بثقوب صغيرة تسمح لها بشمِّ الروائح. وتلمس النحلاتُ الحارسات النحلاتِ الداخلة إلى الخلية بقرونِ استشعارها وتشمُّها. وتتميَّزُ النحلاتُ بحاسةِ شمٍّ قوية جدًّا سواءٌ من مسافة بعيدة أو من خلالِ اللمس.

9 استخراجُ الرحيق

في اليوم الحادي والعشرين من حياتِها، تطيرُ النحلةُ أخيرًا بحُرِّية بعيدًا عن الخلية بحثًا عن الطعام، أو لاستخراجِ الرحيق، أو غُبارِ الطَّلْع على مسافة عدة كيلومترات.

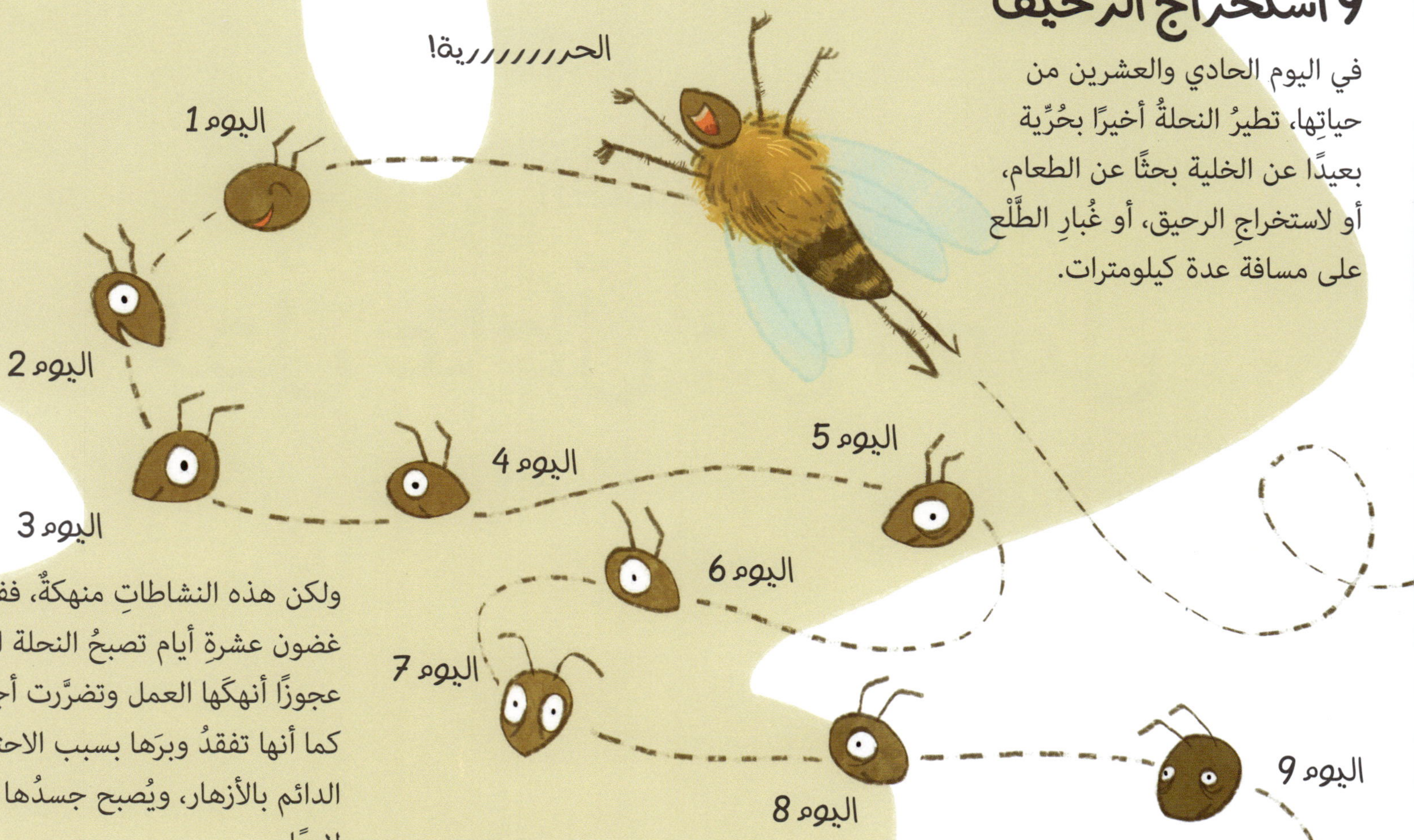

ولكن هذه النشاطاتِ منهكةٌ، ففي غضون عشرةِ أيام تصبحُ النحلة العاملة عجوزًا أنهكَها العمل وتضرَّرت أجنحتها. كما أنها تفقدُ وبرَها بسبب الاحتكاكِ الدائم بالأزهار، ويُصبح جسدُها أسودَ لامعًا.

تموتُ النحلةُ في نهايةِ الشهرِ الأول من حياتها، إلا إذا تعرَّضت قبل ذلك التاريخِ لهواءٍ عنيفٍ يرميها أرضًا، أو عاصفةٍ غيرِ مُتوَقَّعةٍ، أو ابتلعَها أحدُ الطيور .

نحلُ الإمبراطورية

حقق النحل مستوىً راقيًا جدًّا بعد أن بات جزءًا من الشِّعارِ الوطني الذي اختارَه نابوليون الأول. فقد انتشرَت على معطف الامبراطور رسومُ النحل كما نرى في صورةِ تتويجه.

قد يكون استخراجُ الرحيق أكثرَ الأعمال خطرًا على النحل، لكن اختفاءَ بعض أفرادِ الخلية لا يؤثرُ بتاتًا في المستوطنة. وتعيش النحلة التي تُولد في نهاية الصيف لمدة 5 إلى 6 أشهر وذلك لأن نشاطَها يكونُ بطيئًا في الشتاء.

الفصل 7

نحلٌ عاطلٌ عن العمل

خلافًا للمعتقد السائد، لا يعملُ كل النحلِ بالنشاط ذاته. إذ ينغمسُ البعض في أجواء من الكسلِ المتغطرسِ في حين تُكرِّسُ البقية وقتَها للعمل. فهل يوجد بطالةٌ فعلًا في الخلية؟

نحلٌ كسولٌ، أو عاطلٌ عن العمل

يعتمد تقسيم الوظائف القائمِ على السِّنِّ على التشكيلةِ الشاملةِ للمستعمرة. وتبقى بعضُ النحلات معلقةً لساعاتٍ دون أيِّ حركةٍ، ورأسُها داخل الحُجَيرة. وفي الوقت ذاتِه، يقضي بعض النحل حياته دون أن يقومَ بأيِّ عملٍ تمامًا أو تقريبًا.

الذكورُ الخاملون

ما هذا النحلُ ضخمُ الجسد، كبيرُ العيون الذي يُخرجُ رأسه من حجيرة العسل؟
إننا نُطلق عليه تسمية «النحل الطنان المزيف» بسبب الطنين الذي يُصدرُه عند الطيران. وشُبِّه بالنحلِ الطنان الذي يستخرجُ حبوبَ الطَّلْع من الأزهار في الصيف. ولا يُفرزُ النحلُ الطنانُ المزيف الشمعَ، ولا يستخرج الرحيقَ، أو حبوبَ الطَّلْع، ولا يملك زُبانى أي أنه لا يلسع.

النوعُ الأكول

ماذا يفعل هذا النحلُ طوالَ اليوم يا ترى؟ لا شيء سوى تناولِ العسل الذي تُعدِّه له النحلاتُ العاملات، علمًا بأنه يستطيعُ خدمةَ نفسه بكل سهولة!
وعلى الرُّغم من شهيتِه الكبيرةِ إلا أنّ الكميات التي يأكلها لا تُخفِّض إنتاجَ العسل في الخلية.
وتربي النحلات بين 2000 و3000 نحلة طنانة مزيفة في الربيع.
والنحل الطنان من الذكور الذين يُحفِّزُ وجودهم النحلاتِ العاملات بدون شك، وربما خلال نقلِ الطعام بين الأفواه. ونجدُ أحيانًا أن البعض منها يساعدُ على تهويةِ الخلية.

النحلُ الطامحُ في الزواج من ملكة النحلات

يبقى النحلُ الطنانُ المزيف خلال الأيام الثمانية الأولى من حياته في الحاضنات، ويُساعد على إبقاء درجة حرارته مناسبة لنمو صغارِ النحل كما يساعد في إنضاج نِطافِها. ويرتكز دورُه الأساسي على إخصابِ ملكة النحلات.

مجزرةُ النحل

بما أن النحل الطنان المزيف لا يتعبُ أبدًا فإن دورة حياتِه تدوم لمدة 50 يومًا. ولا نراه إلا في الربيع وبدايةِ الصيف. وعندما يبدأُ شهر أغسطس (آب) وتنتهي فترةُ الحصاد الأكبرِ للعسل، تتخلَّصُ النحلات العاملات من هذه الأفواهِ معدومةِ الفائدة، وتطردُها خارجَ الخلية بقوة. وتنتهي حياة النحل الطنان المزيف بسبب نقصِ الطعام، والتعرضِ لبرد الليل. وفي حال بدرَ منه أيُّ مقاومة، فإنّ العاملاتِ لا تتوانى عن قتله، والقضاء عليه. فالشتاءُ طويل وقاسٍ على النحلات، ولا تستطيعُ السماح بإطعام هذه الأفواهِ الخاملة.

الفصل 8

الملكةُ الأمّ

تكون النحلة التي يبلغُ طولُها سنتيمترين ملمةً بكل نشاطات المستعمرة. ويمكن تمييزُها بسهولة عن رفيقاتِها لكون صدرِها ممدودًا بحيث يتعدى أجنحتَها؛ إنها الملكة، لكنها أيضًا أمّ كل النحلات الموجودة في الخلية. إليكم قصتَها.

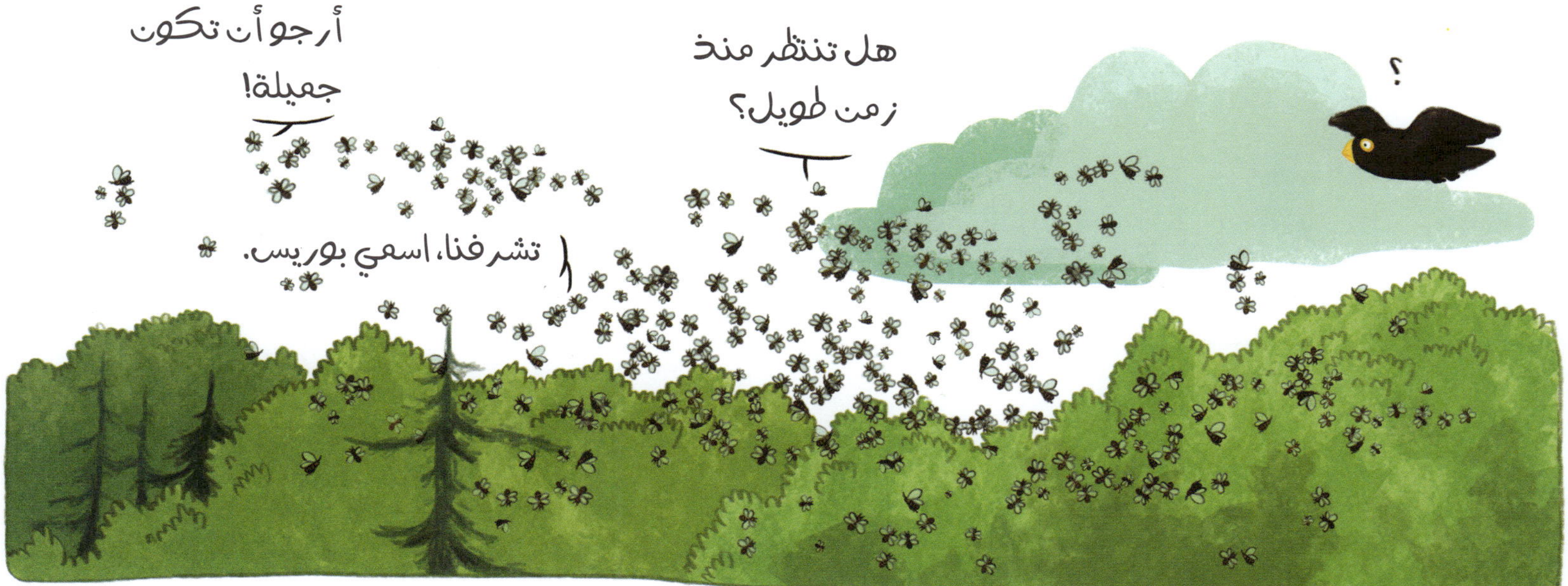

خلال الأيامِ الدافئة من شهر مايو (أيار)، تخرجُ الذكور بعد أن تملأ معدتَها بالعسل، وتجتمعُ بأعداد كبيرة، أحيانًا عند تُخومِ الغابة. تُسمَّى هذه التجمعاتُ حَفْلَاتِ النحل، وتقام في المكان ذاتِه سنةً بعد سنة. ويدورُ النحلُ الطنان المزيف عند أعالي الأشجار بانتظارِ وصول الأميرة.

العذراءُ الشابة

في هذه الأثناء، بعد 6 إلى 7 أيامٍ من ولادتها، تدفع النحلاتُ العاملات الراغبات في الخروج من الخلية الملكةَ الشابة التي لا تزال عذراء. وعندَ ظهيرة يومٍ مشمس، تنطلق الملكة، بعد طيرانٍ تجريبي قصير، للانضمام لحفلةِ النحل.

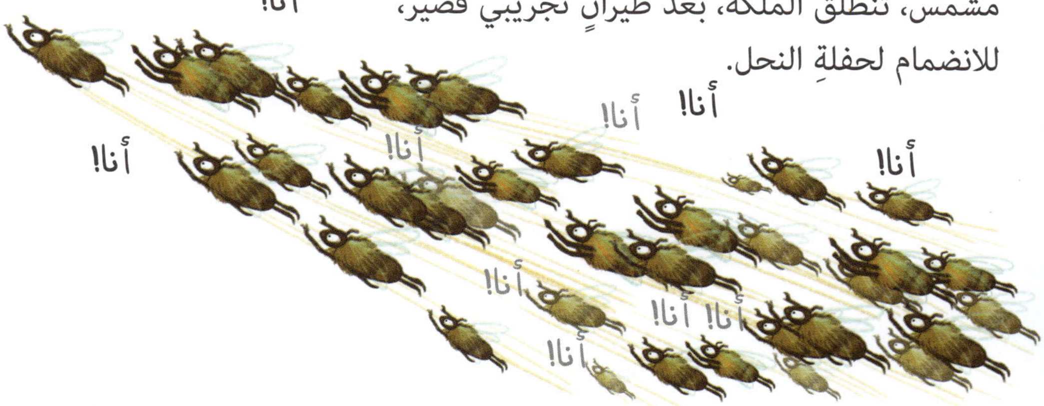

تُفرزُ الملكة رائحةً تجذب الذكور. وبمجرد وصولها إلى الحفلة، ترتفعُ بسرعة كبيرة على رأسِ تشكيلةٍ من النحل الذكور المحلِّقِ في الهواء.

نحلةُ الفراعنة

منذ 4500 سنة، كان المصريون يربون النحلَ وينقلون خلايا النحل على مَتْنِ أطْواف. وكانت النحلةُ رمز الفرعون، ملكِ المصريين.

ولا يستطيعُ سوى الذكورِ الأسرع والأقوى اللحاقَ بها، ويجري اللقاءُ في الجو. وبمجرد انتهاء مَهَمَّة الإخصاب، يموت الذكرُ.

طيرانُ الزِّفاف

يدوم طيرانُ الزِّفاف بين 5 و30 دقيقةً، وتتزاوجُ الملكة تِباعًا مع عدةِ ذكور. ويتعين عليها القيامُ بعدَّة جَولات إلى أن تمتلئ الحَوصلة بالنِّطَاف الذُّكورية المُتأتية من عشَرة ذكور. ولا تختلطُ النِّطاف المنوية لأحد الذكور مع نطاف ذكر آخر، ولذلك فمن الممكن أن يظهرَ فجأة ضمن سُكَّان المستعمرةِ الواحدة للنحلِ الأصفر نحلٌ أسودُ لكونه من آباء مختلفين.

البلاطُ الملكي

بعد الإخصاب، تدخل الملكةُ إلى ظُلمةِ الخلية، وتبقى فيها لمدة عامٍ على الأقل. وتتغير سلوكاتُ النحلات العاملات حيالَها فتعتني بها بشكلٍ دائم، وتَلْعَقها، وتُطعمُها من الهُلَام الملكيّ، وترافقُها حاشيةٌ من حَوالي 12 نحلةً في كلّ حركاتها.

وهكذا، تحظى الملكةُ بالرعاية والدلال طَوالَ حياتها التي تدومُ من 4 إلى 5 سنوات. وبعد مرور بضعةِ أيام على الإخصاب، تبدأُ مَهمتُها الرئيسية؛ وضعُ البيض...

مليونا طفل: رقمٌ قِياسيٌّ في كل الفئات!

ابتداءً من منتصف شهر فبراير (شباط)، تضع ملكة النحل البيض ليلًا ونهارًا بنسبة متزايدة. وبين شهري مايو (أيار) ويونيو (حزيران)، تضع بيضة كل 40 ثانية. وفي المجموع، يكون للملكة ذرية يزيد عددها على مليونين!

تبيض الملكة بيضة كل 10 ثوان، وتدخل رأسها داخل حُجَيرة لتتأكد بأنها خالية تمامًا، ثم تقلب جسدها، وتدخل مؤخرة بطنها، وتضع بيضة فيها. ثم تذهب لتبحث عن حُجَيرة فارغة جديدة، ويشكل ذلك نشاطًا يتطلب منها أحيانًا وقتًا طويلًا.

ماكينةُ وضعِ البيض

تزنُ الملكة 0.2 غرام وتزن البيضة 0.2 مليغرام. وتضع في اليوم الواحد عددًا من البيضِ يكون وزنُها ضِعفي وزن الملكة، أو ثلاثةَ أضعاف. وتؤمِّن لها النحلاتُ العاملات الطعام الوافر. ويرتبط وضعُ البيض بحصادِ النحلات المُستخرِجات لحبوب الطَّلْع، وبدرجة حرارة الخلية. وعندما تنخفض درجةُ الحرارة، يصبح النِكْتَار نادرَ الحصول فتدخل المستعمرةُ ومعها الملكةُ في حالة تقشّف، وبالتالي تنخفض وتيرةُ وضع البيض الذي يتوقفُ تمامًا ابتداءً من شهر أكتوبر (تشرين أول) طوالَ الشتاء.

ذكر أو أنثى: هل تختارُ الملكةُ جنسَ أطفالها؟

في أغلب الحالات، عندما تنوي الملكة وضع بيضة، يُحرّر حيوان منوي من وعاء النطاف الذكوري. ويتم إخصاب البيضة التي تُخرِج نحلة أنثى.

وفي حالِ لم تحصل هذه العملية، فلن تكون البيضة مُخَصَّبَةً وسوف يولد ذكر. فهل تتحكَّم الملكةُ بتحديد جنسِ أطفالها؟ ويكون حجمُ الذكور أكبرَ من حجم الإناث. وتكون الحُجَيراتُ المخصصة لها أكبرَ من تلك المخصَّصة للإناث (قطر 8.8 ملليمترات. مقابل 5.1 ملليمترات).

يؤثِّر مستوى الضغط في بطن الملكة عندَ إدخاله في الحُجَيرة على إطلاق عمليةِ إخصابِ البيضة، أو عدم إطلاقها. ويُعتبرُ هذا الأمرُ انعكاسًا لاإراديًّا مرتبطًا بقُطر الحُجَيرات التي تُحدِّد جنس النحلات المستقبلية، لكن هذه الحُجَيرات شَيَّدَتها النحلاتُ المُنتجة للشمع، وبالتالي قد نعتقد بأنّ هذه النحلاتِ العاملات هي التي تُحدِّد جنسَ ذُرِّية الملكة، لكن الواقع مخالفٌ لما سبق. فمن ناحية، تضع الملكةُ بيضَها أينما رغبت، ومن ناحية أخرى يُمكنُها أن تمنعَ تشييد الحُجَيرات الخاصةَ بالذكور (في المستعمراتِ الضعيفةِ مثلًا).

مِهادٌ يليقُ بأميرات: بيوتٌ ملكية

تحدِّد الملكةُ جنسَ ذُريتها، لكن كيف تُحدَّد الملكةُ المستقبلية؟ في شهر مايو (أيار)، تبني النحلاتُ العاملات في مُحيط بعض الأقراص الشمعية أشكالًا بحجم 2 سم يكون رأسُها موجهًا نحو الأسفل، لتُشكِّل البيوت الملكية. ويختلف عددها، لكنها تتراوح في أغلب الأحيان بين 3 و4 في الخلية الواحدة. وتقوم النحلاتُ العاملات بتشييدها بشكلٍ تلقائيّ عندما تفقد أمها من خلال إعادةِ تشكيل حُجَيرة نحلة عاملة تحتوي على بيضة أو يرقة عمرُها أقلُ من 3 أيام. ويمكن لأيّ بيضة أنثى أن تكون ملكة ويبدو أن القرار في هذا الأمر يعود إلى النحلات العاملات.

طعام الملوك: الهُلَام الملكي

بالإضافة إلى حجم البيت الذي يسمح لها بالنمو بشكل أكثر، تحظى الملكة المستقبلية بالهُلَام الملكي خلال حياتها كيرقة. وتسبح هذه اليرقة الملكية في 200 إلى 300 مليغرام من هذا الهُلَام الكثيف. ويسهم هذا الطعام الذي تتناوله على مدى 5 أيام متتابعة في نمو الأعضاء التناسلية الكاملة والعملية.

ويتضمن هذا الهُلَام المخصص للملكات موادَّ أنثوية إضافية. ويكون الاختلاف بين النحلة العاملة والنحلة الملكة من الناحية الغذائية.

وتنمو الملكة بوتيرة أسرع من نمو النحلة العاملة. وتغطى الحجيرة في اليوم التاسع. وتصبح اليرقة عذراء في اليوم الثاني عشر، وتخرج الملكة المستقبلية من مَهْدها في اليوم السادس عشر.

عذراءُ قاتلةٌ طامحة في السُّلطة

عندما تخرج الملكة من حُجَيرتها، ينتابها رَجَفَان قوي بعد بضع دقائق، وتمرّ على بيوت الحضانة بحثًا عن شقيقاتها اليافعات. وعندما تجد بيتًا ملكيًا، تمزِّق الغشاء، وتغرز إبرتها لقتل منافستها في مَهْدها.

وفي حال وُجِدت عذراوان ملكيتان في الوقت ذاته تقريبًا، تصبح المعركة بينهما حتمية، وتُقام في وجود النحلات المُتَفرِّجات بدون أيّ مشاركة من قبلها.

وتتواجه المتنافستان وتحاول كل منهما غرز إبرتها في جسد الأخرى؛ وتكون إبرة الزبانى لدى الملكة محنية نحو الأمام، بحيث لا يمكن للملكة أن تَلْسَع بشرًا أو حيوانًا ولا تستخدمه إلا لمواجهة منافستها.

ولا يمكن أن تنتهي المعركة إلا بموت إحداهما، فلا يقبل مجتمع النحل سوى ملكة واحدة. وفي العادة، لا يُقام هذا الصراع إلا في هذه الفترة من حياتها، ولا تسمح النحلات العاملات بدخول ملكة غريبة إلى الخلية، حتى وإن كانت ملكتها عجوزًا، أو مريضة...

مخدِّرٌ لقيادة العالم

تتصرَّف الملكةُ بالطريقة نفسِها دائمًا. فتُفرز غُدَد فكَّيها مادة كيميائية تدعى الفِيرومون تطلي بها جسدها بقائمتيها الأماميتين. وتعتبر مادة الفِيرومون مخدرًا فعليًّا يمارس أثرًا جذابًا قويًّا في النحلات العاملات التي تَلْعَق بشكل نشط جسد الملكة، ثم تنقلُ هذه المادة بفمها إلى فم كل أعضاء المستعمرة.

ولكن إن أصبح عدد الأفراد كبيرًا جدًّا، فلا يمكن للملكة إنتاج الكمية الكافية لكل أفراد مستعمرتها. وتكون المادة الملكية سائلة أكثر من اللزوم إلى حدّ أنها تفقد فعاليتها.

ولكن لا تخضع كل النحلات لهذه العملية، فتبني بيوتًا للذكور وبعدها بيوتًا ملكية.

ويحصل الأمر ذاته عندما تكون الملكة عجوزًا، ولم تَعُد تُفرز ما يكفي. ويمكن أن تنمو مبايض لبعض النحلات العاملات، ويصبح بإمكانها أن تضع البيض!

الاستعبادُ الكيميائي

يُناط بالملكة ازدهارُ المستعمرة، أو انهيارُها، لأنها الوحيدة التي يمكنها أن تنتج النحلات العاملات، أي إعادة تجديد أفراد المستعمرة. وتمنع الظواهرُ التي تنتجها الملكة نمو الأعضاء التناسلية للنحلات العاملات، وتؤثر في سلوكاتها، لكن يرتبط مُجمَل نشاطاتِ المستعمرة ونظامِها بغذاء الخلية.

النحلةُ عند شعب المايا

تعتبر النحلة عند شعب المايا رمزًا للنظام والسلام والعدالة.

الفصل 9

المغامرة الكبرى لتكوّن الأسراب

أزمةُ سكن

عندما يكون الحصادُ جيدًا، تبيضُ الملكة أكثر فأكثر. ويتزايد عدد أفراد الخلية بسرعة، وترتفع نسبة الكثافة السُّكانية إلى حدّ أنه سرعان ما تواجه النحلات أزمة سكن.

يترافقُ فصل الربيع بمجموعة متنوعة من الأزهار، مما يشغلُ النحلات ويمنع بقاءها دون عمل، وتمتلئ مخازن الخلية بسرعة. ومع زيادة الطعام، يزيد عدد البيض الذي تضعه الملكة، وتمتلئ المخازن والحضانة باليَرَقانات والعسل. وقريبًا يزداد عدد النحلات إلى حدّ أنّ المواد الملكية تصبح سائلة أكثر من اللزوم، أو يصبح من الصعب نقلها بما فيه الكفاية. وعندما يتضاعف عدد النحلات ثلاثَ مرات، يَصعُب عليها القيامُ بمهامها الاعتيادية، ويصبح التنفس داخل الخلية صعبًا جدًّا. وتخرج أعداد كبيرة من النحل، وتُغطي الواجهة الخارجية للخلية، وفي ذلك إشارةٌ للنَّحَّال بقرب تكوُّن أسراب.

وبسبب غياب الأماكن المُتاحة، يغادر نصف النحل الخلية، ويجرُّ بمعيته الملكة العجوز طَوْعًا أو كَرْهًا.

ويحدث هذا الأمر عندما تُوشِك الملكة الجديدة على الخروج من بيضتها، وتُطلق صوتًا حادًا شبيهًا بصوت الناي.

الكشَّافات عن منزل جديد

قبل أن يغادر سِرْب النحل الخلية، تذهب نحلات كشَّافة للبحث عن منزل جديد يتناسب حجمه مع عدد السِّرْب المُستقبلي، حتى قبل أن يتشكَّل هذا الأخير! ويمكن أن يكون هذا المنزل في تَجويف شجرة أو حائط أو في الأرض، أو حتى خلية من صنع الإنسان. وتفضِّل النحلات أن تكون الخلية بحجم مناسب، جافةً على ارتفاع معين من الأرض، ولا يصل النمل إليها.

حُمّى تشكيل الأسراب

يُصاب النحل عندها بحُمّى حقيقية ناشئة عن اضطرابات غير اعتيادية ترفع درجة الحرارة الداخلية في الخلية إلى حوالي 40 درجة مئوية، في حين تتوقف النحلات المسؤولة عن التهوئة عن القيام بعملها. تصبح أجواء الخلية المشبَّعة بغاز الكربون والرطوبة لا تُحتمل إلى حدّ أنّ النحلة الملكة تُضطرّ للخروج من الخلية. وبمجرد وصولها إلى فجوة الانطلاق، تنطلق النحلات العاملات إلى الداخل، كي تغرف مؤونة من العسل تكفي لفترة 5 أو 6 أيام.

ويتشكَّل سِرْب النحل عند الظهيرة في يوم مشمس من أيام شهر مايو (أيار) أو يونيو (حزيران).

سِرْب النحل: عُنْقُود من عشرات الآلاف من النحل

يا له من مشهد مُذْهل! سحابة من 20 ألف إلى 40 ألف نحلة تُخفي السماء يرافقها طَنين مُعطَّر بالعسل. وتقف الملكة العجوز المثقلة بالبيض على غصن شجرة قريبة. ويتكدَّس النحل الذي يجذبه عِطر أمه حولها على شكل كُتلة مرصوصة.

وفي هذه المرحلة، تكون النحلات مُثْقلة بالعسل ولا يوجد لديها خلية للدفاع عنها فلا تلسع. ويمكننا جمعُها بأيدينا دون التعرُّض لأيّ خطر.

الرجلُ صاحبُ لحية النحل

بما أن النحلات لا تلسَع، يَغتنِم بعض النحالين الخبراءُ الفرصة لتشكيل لحية من النحل! ولهذا الغرض، يبحثون عن النحلة الملكة، ويضعونها على أذقانهم، فتَتَكدَّس النحلات بهدوء حولها على الوجه.

صراعُ سيطرةٍ بين وُكلاء عقاريين

تعود النحلات الكشَّافةُ إلى سطح السِّرب، وترقص في إشارة إلى موقع المَسْكن الذي وجدته. ويكون رَقْص النحلات التي وجدت مسكنًا متميزًا بمزيد من النشاط والطاقة. وتزور النحلات الأخرى المسكن المُقْتَرَح، وتعود إلى مكانها، وتُعدِّل الوُجْهَة المُشَار إليها في رقصها. تزداد حماسة الراقصات مع تزايد التنقل بين المسكن الجديد وموقع السِّرْب. وقد يدوم هذا الرقص عدة ساعات، وحتى يومًا كاملًا، ولا ينطلق السِّرْب إلا عندما تتفق الكشَّافات فيما بينها وتشير إلى الاتجاه ذاته.

عندما تُطلِق النحلات العاملات صوتًا قويًا، يقال إنها تعلن بدءَ عملية الانتقال، فيتفكَّك عُنْقُود النحل ويتحوَّل إلى سحابة من النحل تسير بسرعة كبيرة خلف النحلات الكشَّافات باتجاه مسكنها الجديد الذي يكون أحيانًا على بعد عدة كيلومترات.

ويباشر سِرْب النحل العمل فور وصوله إلى الموقع المَنشود. ويُنجز القسم الأكبر من النحلات أعمالَ بناء الأقراص الشمعية، لأنّ الملكة تكون في عجلة لوضع بيضها. وتَعكِف النحلات الأخريات على تنظيف البناء، وإغلاق الثقوب، وتلميع جدران العِكْبِر. وتُباشَر فورًا حراسة المسكن فيما تتجه النحلات المسؤولات عن استخراج حبوب الطَّلْع نحو الحقول.

الفصل 10

مجتمعٌ قائمٌ على التواصل

التواصُل رقصًا

كيف يستطيع مجتمعٌ بهذا العدد الكبير المماثل لعدد سكان مدينة كبيرة تنظيمَ نفسه؟
كيف تقوم النحلات بضبط وَتِيرَة نشاطاتها؟
كيف تتواصل فيما بينها لتُبلِّغ زميلاتها بموقع الأزهار التي يمكن استخراج حبوب الطَّلْع منها؟

يشير رقص النحلات الكشَّافة لمُستَخرِجات حبوب الطَّلْع إلى موقع مصدر نِكْتَار أو غبار الطَّلْع. وعندما يُوجد المكان على مسافة تقل عن 100 متر، ترقص الكشَّافات بشكل دائري يُنبّه مُستَخرِجات حبوب الطَّلْع إلى وجود الطعام على مقربة منها. وتقوم بمتابعة الرقص بالتربيت بقرون استشعارها عليها كي تَشُمّ رائحة الأزهار التي ترغب بجمع رحيقها. ويتعين عليها أن تخرج من الخلية والبحث عن عِطر الأزهار المنشودة.

رقصةُ الارتجاجات

في الحالات الأخرى، تُنجز النحلات رقصة مُنْتَفِضَة تُمثّل بها شكل 8 مُسطَّحًا: تطير النحلة على مسافة قصيرة بخط مستقيم، ثم تعود إلى نقطة الانطلاق برسم نصف دائرة على التوالي مرة نحو اليسار، ومرة نحو اليمين. وتجرى هذه الرقصة على المستوى العمودي لبراويز الخلية. ويتخلَّل هذا الجزءَ من المسافة ظهورُ اضطرابات البطن الذي يُنتِج ارتجاجات؛ وتُعبِّر مدة هذه الارتجاجات ووَتِيرتها عن قوة الجُهْد الجسدي، الذي ينبغي بذلُه للوصول إلى مصدر الغذاء. وكلما قَصُرت مدتها، كان الغذاءُ على مسافة أقرب.

أفضلُ من جهاز تحديد المواقع

من المدهش التحققُ من دِقَّة إشارات المسافات (10 أمتار أكثر أو أقل) والاتجاهات (زاوية درجتين أكثر أو أقل). ويمكن أن يستمر الرقصُ لساعات في ظُلمة الخلية مع تغيُّر موقع الشمس. وعندئذ، يتغير اتِّجاه الرقص تَبَعًا لحركة الشمس. وتملك النحلة ساعةً بِيُولُوجية مميزة.

وتحذو النحلات الأخرى حذوَ النحلة الراقصة، وتُقلدها في كلِّ حركاتها لفهم رسالتها.

عبّرْ عن شعورك بالعطور!

تلمِس النحلاتُ الزهور، بواسطة قرون استشعارها، الراقصة لشم رائحتها، أو رائحةِ غبار الطَّلْع الذي يفوح منها. وبذلك تتعلم كيفيةَ الحصول على المعلومات المتعلّقة مثلًا بوجود نِكْتَار في حقل للنفل على بعد 510 أمتار، بزاوية 12 درجة إلى يسار الخلية باتجاه الشمس.

إشاراتٌ لَوحِيَّة فوَّاحة

تكون قُرُون الاستشعار والأجزاء الفَموية وحتى أطراف القوائم حساسَّةً للروائح. وتتَّصف قرون الاستشعار على وجه الخصوص بثقوب صغيرة تعمل عمل كاشفات للروائح. ويكون عالم الروائح الخاص بالنحلات أكثر تنوعًا بملايين المرات من عالمنا. وتستطيع النحلات اكتشاف مواد فوَّاحة بكميات طفيفة. ويكون العالم الذي تعيش فيه النحلات داخل الخلية مفعمًا بالروائح. وتخرق ظلمة الخلية «إشارات لوحية» فوَّاحة!

تستطيع النحلات الإحساس بمسار سُكَّري بواسطة قوائمها! ومن أمثلة ذلك، عندما تَلْعَق النحلات المُسْتخرِجات للرحيق إِبَرَ شجر التَّنُوب المُغطَّاة بالإفرازات السُّكَّريَّة التي تَلْفِظها حشرات المَنّ.

عندما تنتقلُ الأخبار من «فم إلى فم»

يُشكِّل النحل، في ظُلمة الخلية، مجموعةً مزدحمة ومُتَراصَّة. وعندما تلتقي نحلتان، تتلامسُ قرون استشعارهما وتَشُمّان رائحة إحداهما الأخرى.
وعندما تكون رائحتُهما متشابهة، فإنهما تتبادلان الطعامَ عبر أفواههما.
ويجري تنسيقُ هذه النشاطاتِ في المستعمرة بِمُوجَب هذه التَّبادُلات، وبفضل النحل الخامل الذي ينقل الأخبار إلى الآخرين. ولا يمكن لأيِّ نحلة أن تعيش في عُزلةٍ بدون هذه التَّبادُلات مع زميلاتها، حتى وإن كانت تَنْعَم بالطعام الضروري لها، وبدرجة الحرارة المناسبة.

الطعام الاجتماعي

تنتقل الموادُّ، بِمُوجِب دورة فعلية، من مَعِدة إلى أخرى، وترتبط تركيبتها بحالة المُسْتَوطنة. فإذا كانت هذه الأخيرة تَفْتَقِرُ إلى الماء، يصبح الطعام المُتَبَادل مركزًا أكثر فأكثر، أي شديد اللُّزوجة، فتذهب بعض النحلات للبحث عن الماء.
ويصل الخبر بشكل مستمر، وبطريقة شبه لاإرادية إلى سكان المستعمرة المُتَرَاوح عددُهم بين 40 و70 ألف نحلة في المستعمرة.
وبهذه الطريقة، يستمرُّ تنسيقُ العمل بتناغُم في الخلية.

مجتمع دائم التواصل

تعيش النحلاتُ في عالم عَطِرٍ شديدِ التنوُّع بما يُثير الدهشة، وتُوجد في مساحة بصرية مختلفة تمامًا عن عالمنا.

لا يستطيع النحل التواصل في ظلمة الخلية إلا اعتمادًا على أسلوب اللمس والشم. وحدها الملكة ضرورية في هذا المجتمع الأنثوي الذي لا يستطيع أيّ من أفراده العيش في عزلة.

جمهوريةٌ أو ملكية؟

لطالما تساءل البشرُ عن طريقة عمل مجتمع النحلات. ووَفقًا لأطوار حياة هذا المجتمع، اعتقدوا بأنه مجتمعٌ مَلَكي تقودُه الملكة بمهارة، أو بأنه جمهوريةٌ مؤلَّفَة من عاملات تُحيط جميعها بأم واحدة.
لكن الواقعَ أكثرُ تعقيدًا من ذلك...

السلطةُ المُطْلقَة للملكة أو للشعب؟

يمكن الاعتقادُ أنّ الملكةَ أسيرةٌ لدى شعبها، لأنها تعوِّل تمامًا على النحلات العاملات التي تؤمِّن لها الطعام، كما أنها هي التي تُقرِّر بناء البيوت الملكية، وتشكيلَ الذكور والملكات الجديدات. وقد سبق لنا وذكرنا بأنّ الاختلاف بين الملكة والنحلة العاملة قائمٌ على المستوى الغِذائي خلال فترة حياتهما على شكل يَرَقانة. الملكة والعاملات نحلات إناث، إلا أنَّ للعاملات مَبَايض، لكنها مصابة بالضُّمور، لأنَّ وجود الملكة يحول دون نموها. وعندما تكون المستعمرة يتيمةً بسبب موت ملكتها، تضع النحلاتُ العاملات البيضَ، لكن بيضها لا يُخصَّب وبالتالي لا يُنتِجُ سوى ذكور.
وعندما تموت المستوطنةُ بسبب وجود الذكور فقط يُطلق النَّحَّالون عليها تسمية «الخلية الطنانة».